Vente du 9 Décembre 1905

(HOTEL DROUOT)

BIBLIOTHÈQUE de M. ALEXANDRE-V. ODERO

LIVRES ILLUSTRÉS
FRANÇAIS

DEPUIS LE XVIIe SIÈCLE JUSQU'A NOS JOURS

PREMIÈRE PARTIE

LIVRES ANCIENS

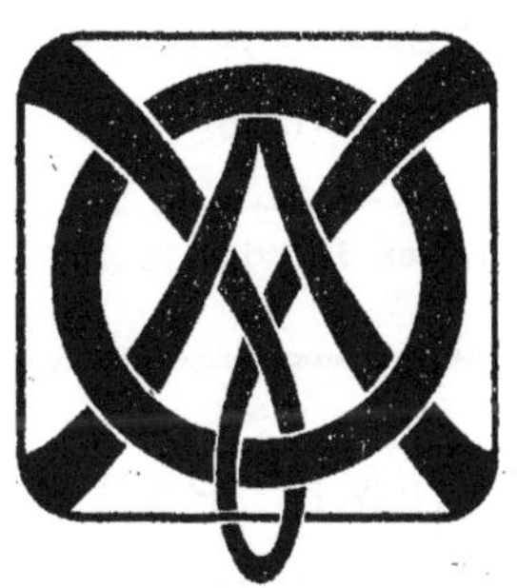

PARIS
EM. PAUL ET FILS ET GUILLEMIN
Libraires de la Bibliothèque Nationale
28, RUE DES BONS-ENFANTS, 28.

1905

ÉM. PAUL ET FILS ET GUILLEMIN
Libraires de la Bibliothèque Nationale
28, RUE DES BONS-ENFANTS, 28

Sous Presse :

BIBLIOTHÈQUE

DE

M. Alexandre-V. ODERO

LIVRES ILLUSTRÉS FRANÇAIS

DEPUIS LE XVIIe SIÈCLE JUSQU'A NOS JOURS

DEUXIÈME PARTIE

LIVRES MODERNES

(1820-1870)

Vente en Janvier 1906

TROISIÈME PARTIE

LIVRES CONTEMPORAINS

(1871-1905)

Vente en Février 1906

Tours, Imp. Tourangelle, 20-22, rue de la Préfecture

CATALOGUE

DE LA

BIBLIOTHÈQUE

DE

M. ALEXANDRE-V. ODERO

LA VENTE AURA LIEU

Le Samedi 9 Décembre 1905

A DEUX HEURES PRÉCISES DU SOIR

A L'HOTEL DES COMMISSAIRES-PRISEURS, 9, RUE DROUOT

SALLE N° 10

Par le ministère de **Me MAURICE DELESTRE,**

Commissaire-Priseur

5, RUE SAINT-GEORGES, 5

Assisté de **MM. ÉM. PAUL ET FILS ET GUILLEMIN,**

Libraires-Experts

28, RUE DES BONS-ENFANTS, 28

ORDRE DE LA VACATION

Numéros	1 à 126
—	147 à 150
—	127 à 146

EXPOSITION, 28, *rue des Bons-Enfants*, les mercredi 6 et jeudi 7 décembre, de 2 heures à 4 heures.

CONDITIONS DE LA VENTE

La vente se fait expressément au comptant

Les adjudicataires paieront 10 pour cent en sus des enchères.

Les livres devront être collationnés dans les vingt-quatre heures de l'adjudication. Passé ce délai ils ne seront repris pour aucune cause.

Les Libraires chargés de la vente rempliront, aux conditions d'usage, les commissions des personnes qui ne pourraient y assister.

BIBLIOTHÈQUE de M. ALEXANDRE-V. ODERO

LIVRES ILLUSTRÉS
FRANÇAIS

DEPUIS LE XVIIe SIÈCLE JUSQU'A NOS JOURS

PREMIÈRE PARTIE

LIVRES ANCIENS

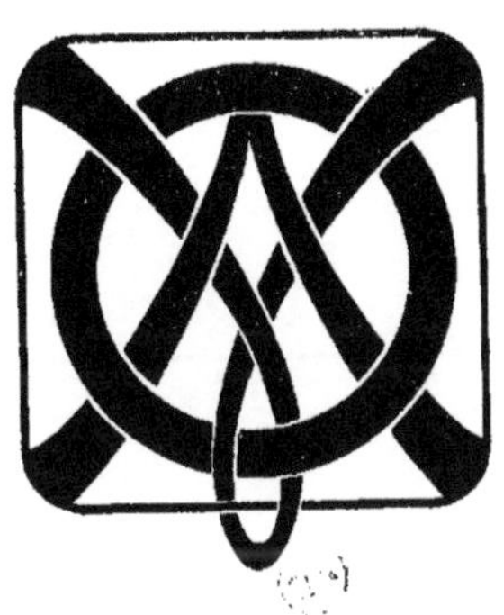

PARIS
EM. PAUL ET FILS ET GUILLEMIN
Libraires de la Bibliothèque Nationale
28, RUE DES BONS-ENFANTS, 28.

1905

L'Amateur qui a collectionné les livres rassemblés dans ce catalogue a eu pour principal objet de former comme une manière de Musée rétrospectif du livre illustré français, depuis les dernières années du XVIIe siècle — époque du perfectionnement de la gravure au burin —, jusqu'à la période contemporaine la plus récente.

Il s'est attaché dans son choix à ne retenir que les vrais livres illustrés, c'est-à-dire ceux dont l'illustration, en harmonie avec l'impression et le format, se lie plus intimement au texte et fait réellement corps avec lui, délaissant par contre, volontiers, ces assemblages de textes et de gravures tirées à part et plus ou moins heureusement juxtaposées, dont la réunion ne donne le plus souvent qu'un produit hybride, aussi distant du livre que du recueil d'estampes.

De même ont été négligés les ouvrages qui, par leur quantité de volumes, infligent à la bibliothèque de l'Amateur une surcharge de poids mort et encombrant, géné-

galement peu en rapport avec l'intérêt qu'ils présentent au point de vue iconographique.

Toutefois, quelques ouvrages de cette dernière catégorie — notamment dans la série des dix-huitième — renferment des gravures qui, par leur beauté ou leur curiosité, méritent de figurer dans toute collection d'illustrés digne de ce nom.

On s'est alors borné le plus souvent à conserver les seules figures, allégées du texte qu'elles illustraient, et elles ont trouvé leur place dans la collection sous forme de recueils d'estampes ou de vignettes.

Ainsi comprise, nous pensons qu'une collection telle que celle-ci n'est pas sans intérêt dans ce temps de récapitulations synthétiques et de documentation par l'image.

TABLE DES DIVISIONS

CATALOGUE

DE LA

BIBLIOTHÈQUE

DE

M. Alexandre-V. ODERO

PREMIÈRE PARTIE

LIVRES DE LA FIN DU XVIIe SIÈCLE (1664-1711)

1. Le Théatre de P. Corneille. Reveu et corrigé par l'Autheur ; 3 vol.— Poëmes dramatiques de T. Corneille; 2 vol.— *A Rouen, et se vendent à Paris, chez Guillaume de Luyne*, 1664-1665. — Ens. 5 vol. in-8, 5 front. et 36 fig. par Chauveau et autres, mar. r. jans. dent. int. tr. dor. (*Cuzin.*)

Première édition du théâtre de P. Corneille, publiée dans le format in 8, offrant le texte, revu par l'auteur, de l'édition in-fol. de 1664, texte qui a été généralement suivi depuis par les éditeurs. Les front. sont datés de 1660 et 1661.

Bel exemplaire, mais ne contenant pas la 4e partie du théâtre de Pierre et la 3e partie de celui de Thomas. La figure pour *Pertharite* est en double, reliée à l'envers. — Hauteur : 162 mill.

2. Fables choisies, mises en vers par M. de La Fontaine. *A Paris, chez Claude Barbin*, 1678, 2 vol. in-12, vign. de Chauveau, mar. r. jans. dent. int. tr. dor. (*Capé.*)

Réimpression de l'édition originale des six premiers livres des *Fables*, publiée la même année.

3. LES ŒUVRES DE MONSIEUR DE MOLIÈRE. Reveües, corrigées et augmentées. *Paris, Denys Thierry, Claude*

Barbin et Pierre Trabouillet, 1682, 8 vol. in-12, 30 fig. par Brissart, mar. r. dos orné, fil. dent. int. tr. dor. (*Motte.*)

PREMIÈRE ÉDITION complète, offrant un texte absolument conforme à la représentation et revu par un des acteurs de la troupe de Molière, Varlet de la Grange. Elle renferme 6 pièces en ÉDITIONS ORIGINALES et, pour la première fois, est ornée de figures très intéressantes pour les costumes et la mise en scène, dont plusieurs contiennent le véritable portrait de Molière dans ses principaux rôles.

Très bel exemplaire, grand de marges. — Hauteur : 164 mill.

4. Contes et Nouvelles en vers de Monsieur de La Fontaine. Nouvelle édition, enrichie de tailles-douces. *A Amsterdam, chez Henry Desbordes*, 1685, 2 tomes en 1 vol. in-12, 1 front. et 58 fig. à mi-page par Romain de Hooghe, mar. orange, dos orné, fil. dent. int. tr. dor. (*Petit.*)

PREMIER TIRAGE des curieuses vignettes de R. de Hooghe.

5. ŒUVRES DE RACINE. *A Paris, chez Claude Barbin*, 1676, 2 vol. in-12, 2 front. et 10 fig. par F. Chauveau. — Esther. Tragédie, tirée de l'Escriture Sainte (par Racine). *Paris, Denys Thierry*, 1689, frontispice ; Athalie. Tragédie, tirée de l'Escriture Sainte. *Paris, Denys Thierry*, 1692, frontispice. — Ens. 3 vol. in-12, front. et fig. mar. r. dos orné, fil. dent. int. tr. dor. (*M. Lortic.*)

ÉDITION ORIGINALE COLLECTIVE, renfermant les 9 pièces publiées de *la Thébaïde* à *Iphigénie*, suivies de la PREMIÈRE ÉDITION de *Phèdre*.

Bel exemplaire auquel on a ajouté les deux tragédies d'*Esther* et d'*Athalie*, en ÉDITIONS ORIGINALES, pour compléter le Théâtre de Racine.

6. LES ŒUVRES DE MONSIEUR DE MOLIÈRE. Nouvelle édition, corrigée et augmentée des Œuvres posthumes et de très belles figures à châque (*sic*) comédie. *A Brusselles, chez George de Backer*, 1694, 4 vol. in-12, 32 fig. dont un frontispice par Harrewyn, mar. r. dos orné, fil. dent. int. tr. dor. (*Chambolle-Duru.*)

Edition rare et recherchée pour les jolies eaux-fortes d'Harrewyn dont elle est ornée. Elle présente en outre cette particularité que le *Festin de Pierre* s'y trouve in-extenso, c'est-à-dire avec la scène du Pauvre.

Bel exemplaire.

7. Œuvres diverses du sieur D*** (Boileau-Despréaux), avec le Traité du Sublime et du merveilleux dans le discours, traduit du grec de Longin et les réflexions critiques sur ce rhéteur : où l'on répond aux objections faites contre quelques anciens. *A Paris, chez Denys Thierry*, 1694, 2 vol. in-12, fig. mar. r. jans. chiffre sur le dos et aux angles des plats, dent. int. tr. dor. (*Trautz-Bauzonnet.*)

Edition peu commune, augmentée de l'*Ode sur la prise de Namur* de la *Satyre X* et des *Epitres X, XI et XII*. — Elle est ornée d'un frontispice gr. par P. Landry, et de 7 figures gr. par Noblin ou G. Vallet. Bel exemplaire au chiffre du COMTE ROGER (du Nord).

8. Les Cent Nouvelles nouvelles. Suivent les Cent Nouvelles contenant les Cent Histoires nouveaux, qui sont moult plaisans à raconter en toutes bonnes compagnies; par manière de joyeuseté. *A Cologne, chez Pierre Gaillard*, 1701, 2 vol. pet. in-8, front. vignette en-tête, 100 fig. à mi-page et 1 cul-de-lampe, le tout gr. à l'eau-forte par Romain de Hooghe, mar. citron, dos orné, fil. dent. int. tr. dor. (*David.*)

Edition recherchée pour les curieuses et expressives eaux-fortes de Romain de Hooghe dont elle est ornée.
Belles épreuves du PREMIER TIRAGE.

9. Contes et Nouvelles de Marguerite de Valois, Reine de Navarre. Mis en beau langage, accomodé au goût de ce tems : et enrichis de figures en taille-douce. *A Amsterdam, chez George Gallet*, 1708, 2 tomes en 1 vol. pet. in-8, 1 front. répété au tome II et 72 vign. par Harrewyn, mar. r. dos orné, fil. grand milieu à petits fers et au pointillé avec une marguerite au centre, dent. int. tr. dor. (*Raparlier.*)

Bel exemplaire de la PREMIÈRE ÉDITION avec les figures d'Harrewyn, portant l'*ex-libris* du Dr DANYAU.

10. Les Œuvres de Mr Regnard. *A Bruxelles, chez les frères t'Serstevens*, 1711, 2 vol. pet. in-12, 2 front. de B. Picart, 9 fig. et 1 vignette sur le titre de la dernière pièce, mar. vert jans. dent. int. tr. dor. (*Smeers.*)

Jolie petite édition imprimée en caractères elzeviriens.

LIVRES DU XVIIIe SIÈCLE (1718-1800)

I. LIVRES PUBLIÉS DE 1718 A 1789.

11. LES AMOURS PASTORALES DE DAPHNIS ET CHLOÉ (traduites du grec de Longus par Amyot). *S. l.* (*Paris, Quilliau*), 1718, pet. in-8, front. et fig. du Régent, mar. r. à long grain, dent. et angles des plats à l'éventail, doublé et gardes de moire bleue, dent. tr. dor. (*Bozérian* ?)

Jolie édition, dite du *Régent*, tirée seulement à 250 exemplaires. Elle est ornée d'un frontispice par Coypel et de 28 figures composées par Philippe d'Orléans et gravées par Audran.

Exemplaire grand de marges.

12. Fables nouvelles dédiées au Roy, par M. de La Motte. *Paris, Grégoire Dupuis*, 1719, in-4, 1 frontispice par Coypel, 1 fleuron sur le titre par Vleughels, et 100 vign. par Massé, Coypel, Gillot, Edelinck, B. Picart et Ranc, v. brun ant. avec dent. et encadrem. dorés, comp. en mosaïque de v. bleu, rouge et vert. (*Berger, rel.* ; *Bourguignon, dor.*)

Intéressante illustration qui marque le début du livre à vignettes du XVIIIe siècle.

Exemplaire dans une curieuse reliure.

13. Œuvres de Nicolas Boileau Despréaux, avec des éclaircissemens historiques donnez par lui-même. Nouvelle édition revuë, corrigée et augmentée de diverses remarques. *A Amsterdam, chez François Changuion*, 1729, 2 vol. in-fol. fig. vélin, dos orné, fil. et milieu doré. (*Rel. anc.*)

Belle édition ornée d'un frontispice par Bernard Picart, 1 fleuron sur le titre du tome I contenant le portrait d'Erasme (répété sur le tome II), un magnifique portrait de Guillelmine Charlotte, reine de la Grande Bretagne gravé par E. Gunt d'après Kneller, 1 vignette de dédicace renfermant les armoiries de la Reine, 1 vignette en-tête du *Discours au Roi*, 6 figures et titre gravé pour le *Lutrin*, 2 vignettes et 27 culs-de-lampe, le tout dessiné et gravé par Bernard Picart.

14. ŒUVRES DE MOLIÈRE. Nouvelle édition. *Paris*, 1734, 6 vol. in-4, portr. par Coypel, fleuron répété sur tous les titres, 32 fig. par Boucher, et 198 vign. et culs-de-lampe par Boucher, Blondel et Oppenort, vélin.

Exemplaire du PREMIER TIRAGE. — Très belles épreuves du chef-d'œuvre de Boucher.

15. Contes et Nouvelles en vers, de La Fontaine. *Amsterdam (Paris, David jeune)*, 1745, 2 tomes en 1 vol. pet. in-8, 1 front. 2 fleurons et 70 vign. par Cochin, mar. r. dos orné, fil. dent. int. tr. dor. (*Chambolle-Duru.*)

Bel exemplaire de ce joli livre spirituellement illustré par Cochin.

16. Angola, histoire indienne, ouvrage sans vraisemblance. Nouvelle édition revue et corrigée. *A Agra, avec privilège du Grand-Mogol (Paris)*, 1751, 2 parties en 1 vol. in-12, fig. mar. bleu, dos orné, fil. dent. int. tr. dor. (*Cuzin.*)

Ouvrage curieux pour les mœurs galantes de l'époque, attribué au chevalier de La Morlière et au duc de la Trémoille. Il est orné d'un fleuron sur le titre de la première partie, répété sur celui de la deuxième, de deux vignettes et de cinq figures, le tout par Eisen.
Bel exemplaire du premier tirage sous cette date.

17. Le Joujou des Demoiselles, avec de nouvelles gravures. *S. l. n. d. (Paris, 1752)*, gr. in-8, fig. demi-rel. mar. r. avec coins, dos orné, fil. tr. dor.

1 titre et 1 fig. par Eisen, gr. par Le Mire, et 51 planches avec de curieuses vignettes, quelques-unes assez légères, placées en tête de poésies du genre badin, dont le texte est gravé.

18. L'Eloge de la folie, traduit du latin d'Érasme, par M. Gueudeville. Nouvelle édition, revue et corrigée sur le texte de l'édition de Bâle, ornée de nouvelles figures, avec des notes (par Meunier de Querlon). *S. l. (Paris)*, 1753, in-12, front. fleuron, 13 fig. 1 vign. et 1 cul-de-lampe par Eisen, v. rac. dos orné, fil. dent. int. tr. r. (*Pouillet.*)

Jolies figures d'Eisen qui a représenté les personnages en costumes de son temps.

19. Histoire du chevalier Des Grieux et de Manon Lescaut (par l'abbé Prévost). *Amsterdam, aux dépens de la Compagnie (Paris)*, 1753, 2 vol. in-12, 8 fig. et 1 vign. répétée, par Pasquier et Gravelot, mar. citron, dos orné, dent. sur les plats et dent. int. tr. dor. (*Duru*, 1853.)

Les figures de Pasquier et Gravelot sont les seules qui donnent la physionomie et le costume réels des personnages du roman de Prévost, dont elles sont contemporaines.
Bel exemplaire portant l'*ex-libris* de M. H. Bordes.

20. FABLES CHOISIES MISES EN VERS, par J. de La Fontaine. *Paris, Desaint et Saillant*, 1755-1759, 4 tomes en 2 vol. in-fol. front. fleuron, répété sur tous les titres, et 275 fig. par Oudry, v. ant. granit. fleurons sur le dos, dent.

Exemplaire sur PAPIER DE HOLLANDE, du PREMIER TIRAGE (*avant l'inscription* à la planche du *Singe et du Léopard*). — Belles épreuves ; reliure restaurée.

21. La Pipe cassée, poëme épitragipoissardihéroicomique (par Vadé). *A la Liberté* (*Paris*),*chez Pierre Bonne-Humeur*, *s. d.* (*vers* 1757), in-8, 4 fig. en-têtes par Eisen, mar. bleu jans. dent. int. tête dor. non rog. (*Thibaron-Joly.*)

Bel exemplaire NON ROGNÉ auquel on a ajouté un joli portrait ancien de Vadé.

22. Les Amours pastorales de Daphnis et de Chloé, par Longus. Double traduction du grec en françois de M. Amiot et d'un anonime, mises en paralelle, et ornées des estampes originales du fameux B. Audran, gravées aux dépens du feu duc d'Orléans, Régent de France, sur les tableaux inventés et peints de la main de ce grand Prince, avec un frontispice de Coypel, et autres vignettes et culs-de-lampe gravés par D. Fokke, sur les desseins de Cochin et de Eysen. *A Paris, Imprimées pour les curieux*, 1757, in-4, texte encadré, fig. mar. r. dos orné, fil. tr. dor. (*Rel. anc.*)

Edition dite des *Curieux*, ornée de 1 front. par Coypel, gr. par Audran, de 29 fig. par le Régent, gr. par Audran, copies de celles de l'édition de 1718, mais entourées de cadres ornés par Fokke (la figure des *Petits pieds*, différente de celle de l'édition originale, est placée à la page 162), 1 fleuron sur le titre, 8 vignettes par Eisen (3 sont répétées) et 8 culs-de-lampe par Cochin (dont 3 sont répétés), gr. par Fokke.

23. IL DECAMERONE DI M. GIOVANNI BOCCACCIO. *Londra* (*Paris*), 1757, 5 vol. in-8, 5 titres gr. 1 portr. 110 fig. et 97 culs-de-lampe par Gravelot, Boucher, Cochin et Eisen, v. marb. dos orné, fil. dent. int. tête dor. ébarbé. (*Thierry.*)

L'édition avec texte italien contient le premier tirage des charmantes vignettes placées en culs-de-lampe des chapitres.
Bel exemplaire *relié sur brochure*.

24. Les Saisons, poème traduit de l'anglais de Thompson. *Paris, chez Chaubert et Hérissant*, 1759, in-12, 1 front.

4 fig. et 4 culs-de-lampe par Eisen, v. ant. marb. dos orné, tr. marb.

25. Œuvres de Racine. *A Paris*, 1760, 3 vol. in-4, portrait gr. par Daullé, 12 fig. 13 vign. et 60 culs-de-lampe par de Sève, v. ant. écaille, dos orné, fil. tr. dor.

Très belle édition.

26. Les Amours de Mirtil (attribué à Fontenelle). *A Constantinople*, 1761, in-8, titre-front. par Legrand et 6 fig. par Gravelot, mar. La Vall. dos orné, fil. dent. int. tr. dor. (*Cuzin.*)

Gracieuses figures de la première et meilleure manière de Gravelot.

27. CONTES ET NOUVELLES EN VERS, par M. de La Fontaine. *Amsterdam* (*Paris*), 1762, 2 vol. pet. in-8, portr. et fig. dos orné en mar. r. à long grain, plats en v. ant. écaille, fil. tr. dor.

Edition dite des *Fermiers généraux*, ornée de 2 portr. gr. par Ficquet, de 2 fleurons sur les titres, de 2 vign. gr. par Choffard, de 80 fig. par Eisen et de 53 culs-de-lampe gr. par Choffard, chef-d'œuvre d'illustration de ces deux artistes.

Les figures pour le *Cas de conscience* et pour le *Diable de Papefiguière* sont découvertes, celles pour *le Remède* est non terminée. Le portrait de Choffard est *avant les contre-tailles*.

28. ZÉLIS AU BAIN, poème en quatre chants (par le marquis de Pezay). *A Genève, s. d.* (1763), in-8 de 43 pp. pap. de Holl. 1 titre-front. 4 fig. 4 vign. et 4 culs-de-lampe par Eisen, mar. bleu, dos orné, fil. comp. genre Du Seuil, avec attributs aux angles, dent. int. tr. dor. (*Pouillet.*)

Bel exemplaire du PREMIER TIRAGE de ce charmant petit livre, un des plus beaux du XVIIIe siècle.

29. ŒUVRES DIVERSES DE DORAT. *Paris*, 1764-1771, 4 vol. in-8, fig. mar. vert, dos orné, dent. sur les plats et dent. int. tr. dor. (*Rel. anc.*)

Ces quatre volumes, en reliure uniforme, comprennent les ouvrages suivants sur GRAND PAPIER.

1. (MÉLANGES poétiques, comprenant :) Les Tourterelles de Zelmis. *S. l. n. d.* (*Paris*, 1766), 1 titre-front. gr., 1 fig., 1 vignette et 1 cul-de-lampe par Eisen. — Epître à Catherine II... *Paris, S. Jorry*, 1765, 1 vign. et 1 cul-de-lampe par Eisen. — Ma Philosophie. *A La Haye et se trouve à Paris, chez Delalain*, 1771, 1 fig., 1 vign. et 1 cul-de-lampe

par Marillier. — Le Pot-pourri, épître à qui on voudra ; suivie d'une autre épître (Epitre à mon ami). *A Genève, et se vend à Paris chez S. Jorry*, 1764, 2 fig., 2 vignettes et 2 culs-de-lampe par Eisen. — Bagatelles (et Suite des) anonymes. *Genève*, 1766-1767, 2 parties, 1 vign. non signée, 1 vign. et 2 culs-de-lampe par Eisen.

2. Lettres d'une chanoinesse de Lisbonne à Melcour, officier françois... *A La Haye et se trouve à Paris chez Lambert*..., 1770, 1 fig. 1 vign. et 1 cul-de-lampe par Eisen. — Idylles de Saint-Cyr... *A Amsterdam et se trouve à Paris, chez Delalain*, 1771, 1 front. 1 vign. et 1 cul-de-lampe par Marillier.

3. Sacrifices (Les) de l'amour, ou Lettres de la vicomtesse de Senanges et du chevalier de Versenay. *A Amsterdam et se trouve à Paris, chez Delalain*, 1771, 2 vol. 2 fig. par Marillier.

L'une de ces deux figures de Marillier est une ravissante estampe, précieuse au point de vue du costume et de l'art mobilier de l'époque.

30. Recueil de contes de M. Dorat. (Tomes IX et X des Œuvres). *Paris*, 1765-1771, 2 vol. gr. in-8, fig. de Marillier et d'Eisen, mar. vert, dos orné, fil. tr. dor. (*Rel. anc.*)

Ces deux volumes contiennent les pièces suivantes sur grand papier :

Epître de Pierre Bagnolet, citoyen de Gonesse, aux grands hommes du jour. *S. l. n. d.* 1 fig. par Marillier. — Les Trois frères et Combalus (plus les Dévirgineurs), Contes en vers... suivis de Floricourt... *Amsterdam* (*Paris*), 1765, 2 fig. d'Eisen. — Epître au roi de Danemark. *S. l. n. d.* — Ma Philosophie. *A La Haye et se trouve à Paris, chez Delalain*, 1771, 1 fig. par Marillier. — Bagatelles anonymes. *S. l. n. d.* 1 vign. et 1 cul-de-lampe, non signés. — Suite des bagatelles anonymes... *A Genève*, 1767, 1 vign. et 1 cul-de-lampe par Eisen.

L'Isle merveilleuse (Irza et Marsis) ; Alphonse, ou l'Alcide espagnol, Conte très moral. *S. l. n. d.* (sans figures.) — Les Cerises et la Méprise... Seconde édition. *A La Haye* (*Paris*), 1769, 1 fig. par Eisen. — Idée de la poésie allemande ; Sélim et Sélima. *S. l. n. d.* 1 fig. par Eisen.

31. Lettres en vers de Blin de Sainmore : Lettre de Biblis à Caunus, son frère ; 1 fig. par Gravelot, 1 vign. et 1 cul-de-lampe par Eisen. — Lettre de Gabriel d'Etrées (*sic*) à Henri IV ; 1 fig. 1 vign. et 1 cul-de-lampe par Eisen. — Lettre de Jean Calas à sa femme et à ses enfants ; 1 fig. 1 vign. et 1 cul-de-lampe par Eisen. — Lettre de Sapho à Phaon ; 1 fig. par Gravelot, 1 vign. par Eisen et 1 cul-de-lampe par Choffard. — Lettre de la duchesse de La Vallière à Louis XIV ; 1 fig. par Dupin et 1 cul-de-lampe. — *Paris, Sébastien Jorry*, 1765-1773. — Ens. 5 pièces en 1 vol. in-8. fig. cart. bradel genre ancien.

32. Contes moraux, par M. Marmontel. *A Paris, chez J. Merlin*, 1765, 3 vol. in-8, portr. par Cochin, gr. par de Saint-

Aubin, titre-front. par Gravelot (répété dans chaque volume) et 23 fig. par Gravelot, v. ant. marb. dos orné, fil.

PREMIER TIRAGE des figures de Gravelot, fort intéressantes pour les costumes.

33. Les Sens, poëme en six chants (par Du Rosoi). *Londres* (*Paris*), 1766, in-8, 7 fig. 6 vign. et 2 culs-de-lampe par Eisen et Wille, mar. r. dos orné, fil. dent. int. tr. dor.

34. LES MÉTAMORPHOSES D'OVIDE, en latin et en français, de la traduction de M. l'abbé Banier, avec des explications historiques. *Paris*, *Delormel*, 1767-1771, 4 vol. in-4, fig. v. f. ant. dos orné, fil. fleurons aux angles, tr. marb.

Exemplaire du PREMIER TIRAGE de ce superbe ouvrage dû aux soins de Basan et Le Mire. — 1 front. 3 pl. de dédicace, 1 fleuron sur le titre de chaque volume, 139 fig. 30 vign. et 1 cul-de-lampe à la fin du dernier volume, par Le Prince, Boucher, Pariseau, Saint-Gois, Eisen, Monnet, Moreau, Gravelot, Choffard.

Reliure un peu restaurée.

35. ŒUVRES DE J. BACULARD D'ARNAUD. *Paris*, 1768-1783, 10 vol. in-8, fig. mar. r. dos orné, fil. tr. dor. (*Rel. anc.*)

1. THÉATRE : Le Comte de Comminge... Quatrième édition ; Euphémie... Seconde édition. *Paris, Le Jay*, 1768, 2 tomes en 1 vol. fig. de Restout et de Marillier pour la première pièce, 1 fig. de Restout pour la seconde.

2. EPREUVES (Les) DU SENTIMENT. *Paris*, *Le Jay*, 1772, 3 vol. 16 fig. 16 vign. et 16 culs-de-lampe par Eisen et Marillier. (*Le tome III est sans titre.*)

3. SUITE DES EPREUVES DU SENTIMENT. Tomes I et II. *Paris, Delalain*, 1775-1778, 2 vol. 9 fig. 9 vign. et 9 culs-de-lampe par Marillier et Le Barbier.

4. NOUVELLES HISTORIQUES. *Paris*, *Delalain*, 1774-1777, 2 vol. front. 6 fig. 6 vign. et 6 culs-de-Lampe par Eisen, Marillier et Le Barbier.

5. EPOUX (Les) MALHEUREUX. *Paris*, 1783, 2 vol. 10 fig d'Eisen.

36. LES GRACES (par Meusnier de Querlon). *A Paris, chez Laurent Prault*, 1769, in-8, 1 titre gravé par Moreau, 1 front. par Boucher et 5 figures par Moreau, v. ant marb. dos orné, tr. r.

Exemplaire sur PAPIER DE HOLLANDE.

37. Les Saisons, poème (par Saint-Lambert). *A Amsterdam*, 1769, in-8, front. et 3 fig. par Le Prince, 1 fig. par Gravelot,

1 fleuron et 4 vign. par Choffard, v. ant. rac. dos orné.

Un des rares livres illustrés par Le Prince. Les vignettes de Choffard sont charmantes et diffèrent sensiblement de celles de l'édition illustrée par Moreau.

38. Narcisse dans l'Isle de Vénus, poème en quatre chants (par Malfilâtre). *A Paris, chez Lejay, s. d.* (*de l'Imprimerie de la V*[ve] *Ballard*, 1769), in-8, 1 titre-front. par Eisen et 4 fig. par Saint-Aubin, mar. bleu, dos orné, fil. dorés sur les plats, dent. int. tr. dor. (*Belz-Niedrée.*)

Bel exemplaire de M. de Saint-Geniès.

39. Le Roué vertueux, poème en prose, en quatre chants (par Coqueley de Chaussepierre), propre à faire, en cas de besoin, un drame à jouer deux fois par semaine. *A Lausanne* (*Paris*), 1770, front. fleuron sur le titre et 4 fig. cart. bradel genre ancien.

Curieux volume orné de figures gravées au lavis par Le Prince d'après le procédé qu'il venait d'inventer.

On a relié à la fin du volume : *Lettre d'un jeune métaphysicien à une jeune dame qui a ses raisons pour avoir de l'esprit, sur le* Roué vertueux *et consorts.* A Londres (Paris), 1770 ; 16 pp.

40. Les Bains de Diane, ou le Triomphe de l'amour, poème (par Desfontaines). *A Paris, chez Costard*, 1770, in-8, titre gr. et 3 fig. par Marillier, v. f. dos orné, fil. dent. int. tr. dor. (*R. Petit.*)

41. LES BAISERS, PRÉCÉDÉS DU MOIS DE MAI, poëme (par Dorat). *A La Haye, et se trouve à Paris, chez Lambert et Delalain*, 1770, in-8, titre rouge et noir, fig. mar. r. dos orné, fil. comp. à la Du Seuil, dent. int. tr. dor. (*Lortic.*)

Cet ouvrage, un des plus beaux du XVIIIe siècle, est orné de 1 titre-frontispice par Eisen, 1 fleuron sur le titre, 1 figure, 22 vignettes et 22 culs-de-lampe par Eisen et Marillier (2 culs-de-lampe seulement sont par ce dernier). Cohen indique par erreur 23 vignettes.

Très bel exemplaire de la vente Génard, sur papier de Hollande, très beau d'épreuves, suivi des *Imitations des poètes latins*.

42. Le Jugement de Pâris, poëme en IV chants, par M. Imbert. *Amsterdam* (*Paris*), 1772, in-8, titre-front. gr. 4 fig. par

Moreau, 4 vign, par Choffard, v. marb. dos orné, fil. dent. int. tête dor. non rog. (*Claessens.*)

Exemplaire sur GRAND PAPIER.

43. LE TEMPLE DE GNIDE (par Montesquieu). Nouvelle édition, avec figures, gravées par N. Le Mire d'après les dessins de Ch. Eisen ; le texte gravé par Drouët. *A Paris, chez Le Mire, graveur*, 1772, gr. in-8, texte gravé, titre gr. front. renfermant le portrait de Montesquieu, 9 fig. par Eisen, et 1 vign. gr. par Le Mire, v. f. ant. dos orné, fil. tr. dor.

Illustrations d'une exécution ravissante comme composition et comme gravure. — La planche de *Céphise* est de PREMIER ÉTAT.

44. ORLANDO FURIOSO di Lodovico Ariosto. *Birmingham, da'Torchj di G. Baskerville : per P. Molini e G. Molini*, 1773, 4 vol. gr. in-8, portr. et 46 fig. par Eisen, Cochin, Moreau, etc. mar. r. dos orné, large encadrem. tr. dor. (*Rel. anc.*)

Belle édition recherchée.
Ex-libris armorié de SANTANGELO au tome III.

45. ANACRÉON, SAPHO, BION ET MOSCHUS, traduction nouvelle en prose, suivie de la Veillée des fêtes de Vénus et d'un choix de pièces de différents auteurs, par M. M*** C*** (Moutonnet-Clairfons). *A Paphos, et se trouve à Paris, chez Le Boucher*, 1773, in-8, front. 12 vignettes et 13 culs-de-lampe par Eisen, v. ant. dos orné, fil. tr. dor.

PREMIÈRE ÉDITION contenant les ravissantes illustrations d'Eisen qui classent ce livre parmi les plus beaux et les plus recherchés du XVIIIe siècle.

46. FABLES NOUVELLES (par Dorat). *A La Haye, et se trouve à Paris, chez Delalain*, 1773, 2 tomes en 1 vol. in-8, fig. 2 front. 1 fig. en tête de chaque tome, 1 fleuron sur le titre, 99 vign. et 99 culs-de-lampe par Marillier, mar. bleu, dos orné, fil. dent. int. tr. dor. (*Chambolle-Duru.*)

Très bel exemplaire sur PAPIER DE HOLLANDE de ce chef-d'œuvre de Marillier.

47. CHOIX DE CHANSONS, MISES EN MUSIQUE (par M. de La Borde... Ornées d'estampes par J. M. Moreau. *A Paris, chez de Lormel*, 1773, 4 vol. gr. in-8, texte et musi-

que gravés par Moria et Mlle Vendôme, fig. mar. bleu, dos orné, fil. dent. int. tr. dor. (*Chambolle-Duru.*)

Superbe exemplaire d'un des plus beaux livres du XVIIIe siècle, très recherché pour la beauté des illustrations et la grande variété des costumes qui y sont représentés.

T. I : 1 titre gr. avec fleuron, 1 frontispice-dédicace et 25 fig. par Moreau le jeune. — T. II : 1 front. avec le portr. de Marie-Antoinette et 25 fig. par Le Bouteux. — T. III : 1 front. et 25 fig. par Le Barbier. — T. IV : 1 front. et 25 fig. par Le Barbier et Saint-Quentin.

48. Jérusalem délivrée, poëme du Tasse (traduit par Le Brun). *Paris, Musier*, 1774, 2 vol. in-8, 2 front. 2 titres avec fleurons, 20 fig. 30 culs-de-lampe et 20 vign. par Gravelot, mar. vert, dos orné, fil. dent. int. tr dor. (*H. Petit.*)

49. Historiettes, ou Nouvelles en vers, par Mr Imbert. *A Amsterdam* (*Paris*), 1774, in-8, 1 titre gr. 1 fig. et 4 vign. par Moreau, v. ant. écaille, dos orné, fil. tr. dor.

50. Pygmalion, scène lyrique de M. J.-J. Rousseau, mise en vers par M. Berquin. Le texte gravé par Droüet. *Paris*, 1775, gr. in-8, titre gr. et 6 vign. par Moreau, mar. r. dos orné de branches de feuillage, fil. et bouquets de chardon aux angles, dent. int. tr. dor. (*Hardy* ?)

Ouvrage très recherché pour ses élégantes illustrations.

Très bel exemplaire, relié sur brochure, auquel on a ajouté : les 6 jolies fig. d'Eisen, épreuves du premier tirage, publiées par Naudet et l'*Idylle*, par Berquin, plaquette comprenant 1 titre et 8 pp. de texte gravés, ornée d'une vign. et d'un cul-de-lampe par Marillier, gr. par Gaucher.

51. Idylles, par M. Berquin. IIe édition. *S. l. n. d.* (*Paris, Ruault*, 1775), 2 vol. in-16, front. et 24 fig. par Marillier, v. ant. écaille, dos orné, fil.

Gracieuses figures de Marillier, très finement gravées par Gaucher, de Ghendt, etc.

52. Romances, par M. Berquin. *Paris*, *Ruault*, 1776, in-16, 1 titre-front. et 4 fig. par Marillier, demi-rel. mar. vert avec coins, dos orné, fil. tête dor. ébarbé. (*Pouillet.*)

Exemplaire sur papier de Hollande avec les figures avant les numéros.

53. Les A-propos de société, ou Chansons de M. L. (Laujon), 2 vol. — Les A-propos de la folie, ou Chansons grotesques, grivoises et annonces de parade (par Laujon). — *S. l.* (*Paris*), 1776. — Ens. 3 vol. in-8, 2 titres-front. dont un répété, 3 fig. 3 vign. et 3 culs-de-lampe par Moreau, musique notée, mar. vert, dos orné, comp. genre Du Seuil, avec attributs, dent. int. tr. dor. et marb. (*Pouillet.*)

Ouvrage recherché pour les charmantes figures de Moreau dont il est orné.

54. Journée de l'Amour, ou Heures de Cythère. *A Gnide*, 1776, in-8, 4 fig. et 8 culs-de-lampe, par Taunay, cart. bradel ébarbé.

Cet ouvrage, le seul illustré par le peintre Taunay, est le produit d'une société littéraire dite de *la Table ronde*, composée de la comtesse Turpin de Crissé, Guillard, Favart, Voisenon, etc.

55. Les Bienfaits du sommeil, ou les quatre rêves accomplis (par Imbert). *A Paris, chez Brunet*, 1776, pet. in-8, 1 titre-front. et 4 fig. par Moreau, mar. bleu, dos orné, fil. dent. int. tr. dor. (*Chambolle-Duru*.)

Bel exemplaire du premier tirage avec le nom de M. de Maurepas dans la légende de la première figure.

56. Les Confessions du comte de ***, par feu M. Duclos. Neuvième édition... *A Amsterdam, et se trouve à Paris, chez Costard*, 1776, 2 parties en 1 vol. gr. in-8, 7 fig. par Desrais, v. f. ant. dos orné, tr. dor.

Les figures de Desrais qui ornent cet ouvrage sont d'un grand intérêt au point de vue du costume.

57. L'Origine des Graces, par Mademoiselle D*** (Dionis du Séjour). *A Paris*, 1777, in-8, 6 fig. dont 1 front. par Cochin, v. f. ant. dos orné, chiffre sur le premier plat, tr. r.

58. Romans et contes de M. de Voltaire. *A Bouillon, aux dépens de la Société typographique*, 1778, 3 vol in-8, fig. mar. r. dos orné, fil. dent. int. tr. dor. (*Cuzin.*)

Bel exemplaire de ce livre recherché, orné d'un portrait, d'un fleuron sur le titre répété aux 3 volumes, de 13 vign. par Monnet et de 57 fig. par Marillier, Martini, Monnet et Moreau.

59. Recueil des meilleurs contes en vers (par La Fontaine, Voltaire, Vergier, Senecé, Perrault, Moncrif, Ducerceau, Grécourt, Saint-Lambert, Piron, Dorat, etc.). *A Londres, (Paris, Cazin)*, 1778, 4 vol. in-18, portr. de La Fontaine et vignettes, v. f. ant. fil. tr dor.

Cet ouvrage, connu sous le nom de *Petits conteurs*, est orné de ravissantes vignettes attribuées à Droppe, à Duplessi-Bertaux et à Durand, peintre en miniature du duc d'Orléans.

60. Les Quatre Heures de la toilette des dames, poème érotique en quatre chants... par M. de Favre. *Paris, Bastien*, 1779, gr. in-8, front. 1 vign. 4 fig. et 4 culs-de-lampe par Leclerc, v. ant. marb. dos orné, tr. r.

Dans les deux derniers culs-de-lampe on remarque une tête qu'on suppose être celle de l'infortunée princesse de Lamballe.
Exemplaire sur papier de Hollande.

61. Contes et Nouvelles en vers, par La Fontaine. *Londres (Paris, Cazin)*, 1780, 2 vol. in-18, portr. et 24 fig. par Desrais et autres, v. ant. marb. dos orné, fil. tr. dor.

Edition rare et recherchée.

62. Le Fond du sac, ou Restant des babioles de M. X***, membre éveillé de l'Académie des Dormans (Félix Nogaret). *A Venise, chez Pantalon-Phébus (Paris, Cazin)*, 1780, 2 vol. in-18, fig. v. ant. marb. dos orné, fil. tr. dor.

1 front. et 9 vign. à mi-page non signés, attribués au dessinateur-miniaturiste Durand.

63. La Pucelle d'Orléans, poëme en vingt-un chants (par Voltaire), avec des notes, auquel on a joint plusieurs pièces qui y ont rapport. *A Londres (Paris, Cazin)*, 1780, 2 vol. in-18, 1 front. et 21 vignettes par Duplessi-Bertaux, non signés, v. ant. marb. dos orné, fil. tr. dor.

64. Tangu et Félime, poème en IV chants (par M. de La Harpe). *A Paris, chez Pissot*, 1780, in-8, demi-rel. mar. vert avec coins, dos orné, fil. tête dor. (*Allô.*)

1 titre-front. et 4 figures par Marillier.

65. Heptaméron français. Les Nouvelles de Marguerite, reine de Navarre. *Berne, chez la nouvelle Société typographique*,

1780-1781, 3 vol. in-8, 1 front. par Dunker, répété à tous les volumes, 73 fig. par Freudenberg, 72 vign. et 72 culs-de-lampe par Dunker, v. ant. rac. dos orné, fil. tr. marb.

Les vignettes de Dunker sont intéressantes d'invention et d'une curieuse facture fort éloignée de la manière habituelle à l'époque.

Exemplaire sur papier fort uniforme. — Le tome I contient un double titre portant : *Berne, chez Beat Louis Walthard*, 1780.

66. Parapilla, poëme et autres œuvres libres et galantes, de feu M. B... (Bordes), de l'Académie des Arcades, de celle de L..., et de la société royale de M.... Nouvelle et dernière édition. *A Florence, chez Paperini*, 1782, in-12, 5 fig. (de Borel?), mar. r. à long grain, dos orné, dent. sur les plats et dent. int. tr. dor. (*Rel. anc.*)

67. ICONOLOGIE PAR FIGURES, ou Traité complet des allégories, emblèmes, etc. Ouvrage utile aux artistes, aux amateurs, et pouvant servir à l'éducation des jeunes personnes, par MM. Gravelot et Cochin. *A Paris, chez Lattré, s. d.*, (*vers* 1783), 4 vol. in-8, 1 portr. de Gravelot gr. par Gaucher, 1 front. contenant le portr. de Cochin gr. par Gaucher, 4 titres par Gravelot et 204 fig. par Gravelot et Cochin, v. f. ant. dos orné, fil. tr. dor.

Exemplaire sur GRAND PAPIER.

68. La Dernière Héloïse, ou Lettres de Junie Salisbury, recueillies et publiées par M. Dauphin, citoyen de Verdun. *A Paris*, 1784, 2 parties en 1 vol. in-8, front. 2 titres gravés avec vignettes et 2 fig. par Quéverdo, mar. vert, dos orné, fil. dent. int. tr. dor. (*Thierry, succ. de Petit-Simier.*)

Élégantes illustrations de Quéverdo.

69. Opuscules de M. le Ch[er] de Parny. Quatrième édition corrigé (*sic*) et augmentée pour la dernière fois. *S. l.* (*Paris, Hardouin*), 1784, 2 vol. in-18, pap. vergé fort, titres gr. et 5 fig. de Monnet, v. f. ant. dos orné, fil. tr. dor.

Exemplaire au chiffre couronné de MARIE ANNE-SOPHIE, femme de Maximilien-Joseph de Bavière, née en 1728, morte en 1797.

70. Les Bijoux indiscrets (par Diderot). *Au Monomotapa, s. d.* (*Paris, Cazin*, 1785), 2 vol. in-18, front. et 6 fig. non signés, v. ant. marb. dos orné, fil. tr. dor.

71. La Folle Journée, ou le Mariage de Figaro, comédie en cinq actes et en prose, par M. de Beaumarchais. *De l'Impr. de la Société littéraire-typographique (Kehl), et se trouve à Paris, chez Ruault*, 1785, gr. in-8, 5 fig. par Saint-Quentin, gr. par Liénard, Halbou et Lingée, mar. r. dos orné, fil. dent. int. tr. dor. (*Allô-Carayon.*)

Bel exemplaire sur papier vélin, auquel on a ajouté la suite des 5 fig. de Saint-Quentin, gr. par Malapeau et Roi.

72. LES AVENTURES DE TÉLÉMAQUE, par Fénelon. *S. l.* (*Paris*), *de l'Imprimerie de Monsieur* (*Didot*), 1785, 2 vol. in-4, pap. vélin, fig. mar. r. dos orné, fil. tr. dor. (*Rel. anc.*)

Très belle édition, ornée d'un titre-front. par Montulay, de 72 fig. par Monnet et de 24 planches, avec le texte des sommaires des chants, dans un encadrem. avec vignettes, le tout gr. par Tilliard.
Exemplaire aux armes d'un prince étranger, avec toutes les planches délicatement gouachées, coloris ancien.

73. La Gerusalemme liberata, di Torquato Tasso ; seconda edizione, coi rami della edizione di Monsieur. *Nella Stamperia di Fr. Ambr. Didot l'Ainé. Parigi, presso Tilliard, Didot fils aîné, Firmin-Didot, s. d.* (1785-86), 2 vol. in-4, 1 front. et 40 fig. de Cochin, mar. bleu à long grain, dos orné, dent. sur les plats, tr. dor. (*Lewis.*)

Très belle édition imprimée seulement à 200 exemplaires, tous sur papier vélin.

74. CHANSONS NOUVELLES de M. de Piis... dédiées à Monseigneur le Comte d'Artois... *A Paris, chez Defer de Maisonneuve, s. d.* (1785), in-18, fig. et 21 pp. de musique notée, mar. r. dos orné, large dent. sur les plats et dent. int. tr. dor. (*Chambolle-Duru.*)

Petit livre rare et très recherché orné d'un front. avec dédicace par Choffard et de 12 charmantes fig. gr. par Gaucher d'après Le Barbier.
Très bel exemplaire avec les figures avant les numéros.

75. ŒUVRES DE SALOMON GESSNER. *Paris, chez l'auteur des estampes, veuve Hérissant et Barrois l'aîné, s. d.* (1786), 3 vol. in-4, fig. v. ant. gran.

Très belle édition ornée de 3 titres gr. de 3 front. dont un avec le portr. de Gessner, de 72 fig. 4 vign. et 67 culs-de-lampe par Le Barbier. Les vignettes et culs-de-lampe qui décorent le texte sont considérés comme le chef-d'œuvre de Le Barbier dans ce genre.

76. Mémoires de Frédéric baron de Trenck, traduits par lui-même sur l'original allemand, augmenté d'un tiers, et revus sur la traduction, par M. de***. *A Strasbourg, chez J.-G. Treuttel. A Paris, chez Onfroy*, 1789, 3 vol. in-8, 1 portr. et 1 fig. par Mansfeld, 8 fig. par Borel, v. marb. dos orné, fil. dent. int. tr. dor. (*Pouillet.*)

Ouvrage intéressant, curieusement illustré.

77. La Sainte Bible, contenant l'ancien et le nouveau Testament, traduite en françois sur la Vulgate, par M. Le Maistre de Saci. *A Paris, chez Defer de Maisonneuve*, 1789-*an XII* (1804), 12 forts vol. gr. in-8, 300 fig. par Marillier et Monsiau, v. marb. dos orné, dent. sur les plats et int. tête dor. ébarbé.

On a ajouté à cet exemplaire environ DOUZE CENTS FIGURES anciennes et modernes.

78. PAUL ET VIRGINIE, par Jacques-Bernardin-Henri de Saint-Pierre. *A Paris, de l'Imprimerie de Monsieur*, 1789, in-18, fig. mar. bleu à long grain, dos orné et mosaïqué, dent. doublé et gardes de moire orange, tr. dor. (*Rel. anc.*)

Edition originale ornée de quatre jolies fig. par Moreau et J. Vernet gr. par Girardet, Halbou et de Longueil.

Précieux exemplaire sur papier vélin d'Essone avec les figures avant lettre et contenant sur le faux-titre l'envoi autographe suivant de l'auteur : *Donné à Madame Terrier de Monciel par son ami de Saint Pierre. — A Paris ce 25 février 1792.*

II. Œuvres illustrées de Restif de la Bretonne

79. LE PAYSAN PERVERTI, ou les Dangers de la ville. Histoire récente, mise au jour d'après les véritables lettres des personnages, par N.-L. Rétif de la Bretonne. *Imprimé à La Haie, et se trouve à Paris, chés Esprit*, 1776 ; 4 vol. — La Paysanne pervertie, ou les Dangers de la ville, histoire d'Ursule R***... *Imprimé à La Haie et se trouve à Paris, chés la dame veuve Duchesne*, 1784, 4 vol. — Ens. 8 vol.

in-12, 120 fig. par Binet, mar. r. dos orné, fil. dent. int. tr. dor. (*Chambolle-Duru.*)

Très bel exemplaire contenant les curieuses figures de Binet en PREMIER TIRAGE.

80. Le Quadragénaire, ou l'Age de renoncer aux passions, histoire utile à plus d'un lecteur (par Restif de la Bretonne). *Genève et Paris, veuve Duchesne*, 1777, 2 tomes en 1 vol. in-12, 15 fig. dont deux signées par Berthet et Dutertre, cart. bradel.

81. Le Nouvel Abeilard, ou Lettres de deux amans qui ne se sont jamais vus (par Restif de la Bretonne). *A Neufchâtel, et se trouve à Paris, chez la veuve Duchesne*, 1778, 4 vol. in-12, 1 front. et 9 fig. dans le genre de Gravelot, bas. ant. racine, dos orné.

PREMIÈRE ÉDITION. — Noms manuscrits sur le faux-titre du tome II; piqûre de ver dans la marge supérieure du même volume.

82. LES CONTEMPORAINES, ou Aventures des plus jolies femmes de l'âge du présent, recueillies par N.-E. R. de la B. (Restif de la Bretonne) et publiées par Timothée Joly, de Lyon. *Imprimé à Leipsick par Buschet, et se trouve à Paris, chés la dame Ve Duchesne*, 1780-1786, 42 vol. in-12, 281 fig. par Binet, cart. bradel genre ancien, ébarbé.

Cet exemplaire renferme 281 figures au lieu des 284 indiquées par Paul Lacroix. — Les tomes VI et VII contiennent chacun une planche en double épreuve.

Quelques planches sont rognées ; plusieurs sont remontées.

83. Les Françaises, ou XXXIV Exemples choisis dans les mœurs actuelles propres à diriger les filles, les femmes, les épouses et les mères (par Restif de la Bretonne) *A Neufchâtel, et à Paris, chés Guillot*, 1786, 4 vol. in-12, 34 fig. non signées (par Binet), cart. bradel genre ancien, ébarbé.

Le titre du tome III manque. — Taches.

84. Les Parisiennes, ou XL caractères généraux pris dans les mœurs actuelles, propres à servir à l'instruction des personnes du sexe, tirés des Mémoires du nouveau Lycée des

mœurs (par Restif de la Bretonne). *Neufchâtel et Paris*, 1787, 4 vol. in-12, 20 fig. non signées, cart. bradel, *non rog.*

Ouvrage recherché pour les curieuses et jolies figures dont il est orné.

85. La Découverte australe, par un homme-volant, ou le Dédale français (par Restif de la Bretonne). Nouvelle très philosophique suivie de la Lettre d'un Singe. *Leipsick et Paris*, 1781, 4 tomes en 2 vol. in-12, 4 front. et 19 fig. (par Binet), cart. bradel genre ancien.

Un des ouvrages de Restif les plus rares et les plus recherchés à cause de sa singularité. Trois ans avant la découverte des frères Montgolfier, l'auteur y décrivit la manière de voyager dans les airs. La machine employée par l'homme-volant est représentée sous toutes ses formes dans la plupart des figures qui sont toutes des plus curieuses, et dont plusieurs sont assez libres, ce qui explique que ce livre ait été fréquemment détruit.

Exemplaire *non cartonné*, avec le faux-titre du tome I qui manque à presque tous les exemplaires, les pages 337 à 422 du tome IV, qui furent supprimées par la censure et les 5 ff. supplémentaires renfermant une note acerbe relative aux *Contemporaines*.

86. La Dernière Avanture d'un homme de quarante cinq ans, (par Restif de la Bretonne). *A Genève et se trouve à Paris, chés Regnault*, 1783, 2 vol. in-12, 2 front. et 2 fig. par Binet, cart. bradel genre ancien, *non rog.*

Un des chefs-d'œuvre de Restif, que Paul Lacroix, en faisant abstraction du style, déclare bien supérieur à *Manon Lescaut*, sous le rapport de l'intérêt, du pathétique et de la vérité. — En dehors des deux frontispices signalés par Paul Lacroix notre exemplaire contient deux gravures, une pour chaque volume; elles sont indiquées au verso des titres.

Petites taches à quelques ff.

87. La Prévention nationale, Action adaptée à la scène; avec deux variantes et les faits qui lui servent de base. *A La Haye, et se trouve à Paris, chés Regnault*, 1784, 3 vol. in-12, 10 fig. non signées, demi-rel. mar. r. dos orné, tr. peigne.

On trouve, dans le tome II de cet ouvrage, une notice sur Jeanne d'Arc (pp. 145 à 216), accompagnée d'une curieuse figure représentant la Pucelle *recevant des armes blazonnées des mains du Roi Charles VII*, et au commencement du tome III le récit du dévouement du Chevalier d'Assas, également accompagné d'une figure représentant sa mort héroïque.

88. La Vie de mon Père, par l'auteur du Paysan perverti (Restif de la Bretonne). Troisième édition. *Neufchâtel et Paris, Vve Duchesne*, 1788, 2 vol. in-12, portraits en médaillons sur les titres, 14 fig. cart. bradel, *non rog.*

89. LES NUITS DE PARIS ou le Spectateur nocturne (par Restif de la Bretonne). *A Paris, chez Mérigot jeune*, 1791, 16 parties en 8 vol. in-12, 18 fig. par Binet, mar. r. dos orné, fil. dent. int. tr. dor. (*Chambolle-Duru.*)

Ouvrage extrêmement curieux, rempli de détails sur les choses et sur les hommes du temps, sur les journaux, sur les théâtres, les cafés, les promenades, etc. Le *Spectateur nocturne*, qui n'est autre que Restif lui-même, représenté dans la plupart des figures, raconte tout ce qu'il a pu observer d'intéressant dans les rues de la capitale pendant vingt ans, ce qui fait que cette composition peut être comme un livre unique qui représente la physionomie morale de *Paris la nuit* à la fin du siècle dernier. Les figures présentent également un grand intérêt, nous signalerons en particulier : Restif présentant sa fille Marion à la comtesse de Beauharnais, Bailly en présence de Louis XVI, Charlotte Corday sur l'échafaud, etc. La quinzième partie et surtout la seizième, qui forment le tome VIII, sont extrêmement rares; elles portent ici les dates de 1691 (*sic*) et 1794.

Bel exemplaire.

90. L'Année des Dames nationales; ou Histoire, jour par jour, d'une femme de France, par N.-E. Restif de la Bretone. *A Genève et se trouve à Paris*, 1791-1794, 12 vol. in-12, 31 fig. cart. bradel genre ancien, *non rog.*

Cet ouvrage, sorte de complément des *Contemporaines*, est des plus curieux pour l'histoire des mœurs pendant la Révolution. — Les figures sont très intéressantes pour les costumes des femmes des diverses provinces de la France.

Paul Lacroix (pp. 349-350) donne la nomenclature des figures qui devraient se trouver dans l'ouvrage; il les numérote de I à XXXVI, mais comme le n° XX a été omis dans sa liste et qu'il pense que les n°s II, V, XIV et XVI n'ont jamais été publiés, le nombre réel des figures serait de 31. C'est d'ailleurs le nombre de celles contenues dans notre exemplaire.

Exemplaire NON ROGNÉ ; une des figures est un peu courte de marges.

III. LIVRES DE LA FIN DU XVIIIe SIÈCLE (1794-1805)

91. Odes, Inscriptions, Epitaphes, Epithalames et Fragments d'Anacréon, traduits en français, avec des notes critiques et un discours, par le C^en Gail... *A Paris, de l'Imprimerie de*

Didot l'Ainé, l'An IIe de la République française, 1794, in-18, 4 fig. par Quéverdo, mar. r. fil. (*Rel. anc.*)

92. Œuvres choisies de Gresset, édition ornée de figures en taille-douce dessinées par Moreau le jeune. *De l'Imprimerie de Didot jeune, à Paris, chez Saugrain rue du Jardinet, l'an deuxième* (1794), in-18, 5 fig. par Moreau, mar. r. dos orné, dent. tr. dor, (*Bradel.*)

Bel exemplaire sur PAPIER VÉLIN grand de marges (*témoins*).

93. LE TEMPLE DE GNIDE (suivi d'Arsace et Isménie), par Montesquieu. *Paris, Impr. de Didot jeune, l'an troisième* (1794), gr. in-8, portr.-front. et 11 fig. par Eisen et Le Barbier, mar. r. à long grain, dos orné, dent. sur les plats, doublé et gardes de moire bleue, dent. tr. dor. (*Bozérian.*)

Exemplaire tiré sur GRAND PAPIER VÉLIN de format in-4, avec les figures *tirées en sanguine* et finement GOUACHÉES à l'époque. — Celles pour *Arsace et Isménie* sont en double état : avec la lettre en noir (épreuves remargées) et AVANT LA LETTRE en couleur.

94. Traduction de l'Iliade (d'Homère), par M. de Launay-Valery, M. D. R. Nouvelle édition revue, corrigée et augmentée de plusieurs notes par l'Auteur. *A Paris, chez Michel*, 1795, 2 vol. in-8, tirés in-4, front. et fig. v. f. ant. dos orné, fil. tr. bleue. (*Bradel-Derome.*)

Edition très rare, presque tous les exemplaires en ayant été détruits. Bel exemplaire sur GRAND PAPIER auquel on a ajouté la suite de 1 frontispice et 24 figures de Marillier de l'édition *Didot*, 1786.

95. Les Amours de Psyché et de Cupidon, avec le poème d'Adonis, par La Fontaine. Edition ornée de figures dessinées par Moreau le jeune et gravées sous sa direction. *A Paris, de l'Imprimerie de Didot le jeune, l'an troisième* (1795), in-4, pap. vélin, 1 portr. d'après Rigault et 8 fig. de Moreau, demi-rel. bas. brune, dos orné, *non rog.*

Exemplaire sur PAPIER VÉLIN entièrement NON ROGNÉ.

96. CONTES ET NOUVELLES EN VERS, par Jean de La Fontaine. *A Paris, de l'imprimerie de P. Didot l'aîné, l'an III de la République*, 1795, 2 vol. in-4, pap. vélin, fig. demi-rel. mar. r. genre bradel, tr. dor.

Superbe édition ornée d'un fleuron sur le titre, gr. par Choffard, répété sur le titre du tome II et de 20 fig. par Fragonard, Malet, Monnet et Touzé.

On a ajouté à cet exemplaire la figure pour *La Clochette* qui ne fut terminée que plus tard ; la figure pour *La Fiancée du roi de Garbe* est AVANT LES NUMÉROS.

97. LA PUCELLE D'ORLÉANS, poëme en vingt-un chants, par Voltaire. Edition ornée de figures gravées par les meilleurs artistes de Paris. *A Paris, de l'Imprimerie de Didot le jeune, l'An troisième* (1795), 2 tomes en 1 vol. gr. in-4, fig. demi-rel. v. marb. avec coins, dos orné, fil. tête r. ébarbé. (*Thierry.*)

Très belle édition ornée d'un portr. d'Agnès Sorel gr. par Gaucher et de 21 fig. par Le Barbier, Marillier, Monnet et Monsiau.

Bel exemplaire sur PAPIER VÉLIN, avec les figures AVANT LA LETTRE.

98. Les Charmes de l'enfance, et les Plaisirs de l'amour maternel, par L.-F. Jauffret. Cinquième édition. *A Paris, de l'Imprimerie de Didot Jeune*, 1796, 2 vol. in-12, front. et 5 fig. par Monnet, mar. vert à long grain, dent. tr. dor. (*Simier ?*)

Le tome II porte (par erreur ?) la date de 1794.

Bel exemplaire sur PAPIER VÉLIN avec les figures AVANT LA LETTRE, portant sur un f. de garde la mention manuscrite suivante : *Hommage à Mad[lle] Sophie Brun, par Simier* (12 juin 1829.)

99. Les Liaisons dangereuses. Lettres recueillies dans une société, et publiées pour l'instruction de quelques autres, par C*** de L*** (Choderlos de Laclos) *Londres* (*Paris*), 1796, 2 vol. in-8, pap. vélin, 2 front. et 13 fig. par Monnet, Fragonard et Mlle Gérard, v. f. ant. dos orné, dent. sur les plats et dent. int. tr. dor.

Exemplaire de la réimpression publiée vers 1812, mais avec les figures en très belles épreuves et couvert d'une bonne reliure du temps.

100. Jacques le fataliste et son maître, par Diderot. *A Paris, chez Le Prieur et Barba, de l'Imprimerie d'André, an cinquième* (1797), 4 tomes en 2 vol. in-18, 4 fig. non sign. demi-rel. v. f. avec coins.

101. Werther, traduction de l'allemand de Goete (*sic*), par C. Aubry. Nouvelle édition, revue et corrigée par le Traduc-

teur, avec figures en taille-douce. *A Paris, de l'Imprimerie de Didot jeune*, 1797, 2 tomes en 1 vol. in-18, 4 fig. par Berthon, gr. par Duplessi-Bertaux, v. f. dos orné, fil. dent. int tr. dor. (*Petit, succ[r] de Simier.*)

Exemplaire contenant l'envoi autographe suivant, sur un f. de garde : *A Madame Eve de Balzac, comtesse, née Comtesse Rzewuska. Souvenir de fraternelle et inaltérable amitié. — Jules Lacroix. — Ce 1er janvier 1865.*

102. Collection Bleuet, libraire. — *A Paris, de l'Imprimerie de Pierre Didot, l'aîné*, 1797 à 1801, 10 vol. in 18, fig. de Lefebvre, demi-rel.

1. Cazotte. Ollivier. — 1798, 2 vol. 12 fig.
2. Grafigny (Mme de). Lettres d'une Péruvienne. — 1797, 2 vol. portr. et 8 fig.
3. Morel de Vindé. Primerose. — 1797, front. et 5 fig.
4. — Zélomir. — 1801, 6 fig.
5. Prévost (l'abbé). Histoire de Manon Lescault. — 1797, 2 vol. 8 fig.
6. Swift. Voyages de Gulliver. — 1797, 4 parties en 2 vol. front. et 9 fig.

Le premier ouvrage est en demi-rel. mar. citron avec coins, dos orné, fil. ébarbé ; tous les autres volumes sont sur papier vélin et en demi-reliure uniforme bas. violette, tr. marb.

103. Œuvres de M. de Florian. *Paris, Impr. de Didot*, 12 vol. in-18 fig. de Queverdo, mar. r. dos orné, fil. tr. dor.

1. Numa Pompilius, second roi de Rome... Seconde édition. — 1786, 2 vol. front. et 12 fig.
2. Six Nouvelles (Les)... Troisième édition. — 1786, 6 fig.
3. Théatre... Seconde édition. — 1786, 3 vol. front. et 11 fig.
4. Mélanges de poésie et de littérature. — 1787, 6 fig.
5. Estelle, roman pastoral... Seconde édition. — 1788, 6 fig.
6. Gonzalve de Cordoue, ou Grenade reconquise... Seconde édition. — 1792, 3 vol. 14 fig. (*Exemplaire sur papier vélin*).
7. Vie de J. P. Florian, par A. J. Rosny. — 1797, 4 fig. (*Exemplaire sur papier vélin; timbre de bibliothèque sur le faux-titre.*)

Les sept premiers volumes sont en reliure ancienne uniforme, les quatre suivants sont également en reliure ancienne à peu près semblable ; le dernier volume est en maroquin grenat moderne, imitant la reliure des précédents.

104. Don Quichotte de la Manche, traduit de l'espagnol de Michel de Cervantes, par Florian ; ouvrage posthume, orné de 24 figures. *De l'Imprimerie de P. Didot l'aîné. A Paris, chez Deterville, an VII* (1799), 6 vol. in-18, 24 fig. par Le-

febvre et Le Barbier, mar. r. à long grain, fil. doublé de moire verte, tr. dor. (*Rel. anc.*)

105. Les Amours du Chevalier de Faublas, par J.-B. Louvet. Troisième édition, revue par l'auteur. *Se vend à Paris, chez l'auteur, an VI de la République* (1798), 4 vol. in-8, 27 fig. par Monsiau, Monnet, Mlle Gérard, Marillier, Demarne et Dutertre, demi-rel. mar. f. genre bradel avec coins, non rog.

Bel exemplaire à toutes marges, non rogné, *ni coupé*, avec la suite des figures en deux états : avec et avant la lettre. Ces figures, notamment celles de Mlle Gérard, sont spirituellement exécutées et fort intéressantes pour les costumes et les mœurs du temps.

106. Voyage sentimental, suivi des lettres d'Yorick à Eliza, par Laurent Sterne, en anglais et en français. Nouvelle édition, dont la traduction française a été entièrement revue et corrigée sur le texte anglais... *A Paris et à Amsterdam, chez J.-E. Gabriel Dufour (de l'Imprimerie de Didot le jeune), an VII* (1799), 2 tomes en 1 vol. gr. in-4, papier vélin, 6 fig. par Monsiau, v. r. marb. dos orné, dent. sur les plats et dent. int. tr. dor. (*Thierry*.)

Belle édition.

Reliure bien exécutée, imitant parfaitement les reliures de l'époque du livre.

107. Œuvres de Salomon Gessner. *A Paris, chez Ant.-Aug. Renouard, an VII*-1799, 4 vol. in-8, 3 portr. et 48 fig. par Moreau, mar. r. à long grain, fil. dent. int. tr. dor. (*Rel de l'époque*.)

Bel exemplaire sur papier vélin avec les figures avant la lettre.

108. La Vie et les Aventures de Robinson Crusoë, par Daniel Defoe ; ancienne traduction revue et corrigée sur la belle édition donnée par Stockdale en 1790, augmentée de la vie de l'auteur, qui n'avait pas encore paru... *A Paris, chez la veuve Panckoucke, an 8* (1800), 3 vol. in-8, 3 titres gr. avec fleurons, 1 portr. 18 fig. par Stothart et Duvivier, et 1 carte géographique, demi-rel. v. marb. avec coins, dos orné, fil. tête r. ébarbé.

Les trois fig. du tome III, par Duvivier, sont détachées du volume.

109. Tom Jones, ou l'Enfant trouvé, imité de Fielding, par M. de la Place. *Londres*, 1801, 4 vol. in-18, pap. vélin, 8 fig. de Borel, mar. r. à long grain, dos orné, dent. tr. dor. (*Rel. anc.*)

Bel exemplaire de Mme la comtesse de Noé, avec son *ex-libris* à tous les volumes.

110. Atala. René, par F.-A. de Chateaubriand. *A Paris, chez Le Normant*, 1805, in-12, 6 fig. par Garnier gr. par Saint-Aubin et Choffard, v. ant. marb. dos orné, fil. dent. int. tr. dor.

Première édition de *René* et édition définitive d'*Atala*.

LIVRES DE LA PÉRIODE DE TRANSITION ENTRE LE XVIIIe ET LE XIXe SIÈCLE (1791-1820).

I. LIVRES A FIGURES EN COULEUR (1791-1806)

111. Les Amours de Psyché et de Cupidon, par J. de La Fontaine. Edition ornée de figures en couleurs d'après les tableaux de M. Schall. *Paris, Defer de Maisonneuve, de l'Impr. de P.-Fr. Didot jeune*, 1791, in-4, fig. cartonnage empire, dos orné.

Edition ornée de 4 estampes en couleur par Schall.

112. Mort d'Abel, poëme de Gessner, traduit par Hubert. Edition ornée d'estampes imprimées en couleur, d'après les dessins de M. Monsiau, peintre de l'Académie. *A Paris, chez Defer de Maisonneuve*, 1793, grand in-4, 1 front. et 5 fig. *gr. en couleur* d'après Monsiau, cart. bradel de style Empire, *non rog.*

Bel exemplaire sur grand papier, entièrement non rogné, avec les figures avant les numéros.

113. Galatée, roman pastoral, imité de Cervantes, par M. de Florian. Edition ornée de figures en couleur, d'après les dessins de M. Monsiau. *A Paris, chez Defer de Maisonneuve*, 1793, gr. in-4, fig. v. f. ant. dos orné, fil. dent. int.

Edition ornée de 4 estampes en couleur par Monsiau.

114. ŒUVRES POISSARDES DE J.-J. VADÉ, suivies de celles de l'Écluse. *A Paris, chez Defer de Maisonneuve, de l'Imprimerie de Didot le jeune, l'an IV*-1796, in-4, pap. vélin, fig. v. vert racine, dos orné, dent. tr. dor. (*Rel. anc.*)

Belle édition tirée seulement à 300 exemplaires et ornée de 4 estampes EN COULEUR par Monsiau, très intéressantes comme tableaux de mœurs.

115. HÉRO ET LÉANDRE, poëme nouveau en trois chants, traduit du grec, sur un manuscrit trouvé à Castro, auquel on a joint des notes historiques. (Composé par le chevalier de Querelles). *A Paris, de l'Imprimerie de Pierre Didot l'aîné, an IX*-1801, in-4, pap. vélin, fig. mar. r. à long grain, dos orné, dent. sur les plats et dent. int. tr. dor (*Thierry*.)

Très bel exemplaire, relié sur brochure, de ce livre rare et recherché, orné d'un front. en noir et 8 estampes EN COULEUR par Debucourt.

116. PAUL ET VIRGINIE, par Jacques-Henri Bernardin de Saint-Pierre. *A Paris, de l'Impr. de P. Didot l'aîné*, 1806, in-4 tiré in-fol. 1 portr. par Lafitte et 6 fig. par Gérard, Girodet, Isabey, Lafitte, Moreau et Prudhon, cart. bradel, *non rog.*

Edition somptueuse et définitive, publiée par l'auteur.

Superbe exemplaire, ENTIÈREMENT NON ROGNÉ, un des rares tirés sur GRAND PAPIER VÉLIN de format in-folio, avec les figures *gravées en couleur*, état rarissime, non signalé par Cohen. Chacune d'elles porte la mention suivante, gravée dans la marge inférieure : *Imprimé en couleur par Langlois.*

II. LIVRES A FIGURES EN NOIR (1797-1817)

117. ŒUVRES DE P. J. BERNARD, ornées de gravures d'après les desseins de Prud'hon ; la dernière estampe gravée par lui-même. *A Paris, de l'imprimerie de P. Didot l'aîné, an V*, 1797, in-4, 4 fig. par Prudhon, mar. r. à long grain, dos orné, dent. sur les plats et dent. int. tr. dor. (*Bozérian*)

Exemplaire sur PAPIER VÉLIN auquel on a ajouté les 4 belles fig. de Prudhon en épreuves AVANT LA LETTRE mais détachées du volume. La dernière figure, *Phrosine et Mélidore*, est la seule estampe que le maître ait gravée lui-même.

118. LES AMOURS DE PSYCHÉ ET DE CUPIDON, suivies d'Adonis, poëme, par Jean de La Fontaine. Edition ornée de

gravures d'après les desseins de Gérard, peintre. *Paris, imprimé au Louvre par P. Didot l'aîné*, 1797, in-4, pap. vélin, 5 fig. par Gérard, mar. r. à long grain, dos orné, fil. et comp. dorés, doublé et gardes de moire bleue, dent. int. tr. dor.

Bel exemplaire portant sur les plats de la reliure le chiffre couronné du duc d'ORLÉANS, fils aîné de Louis-Philippe. On y a ajouté : les épreuves AVANT LA LETTRE des quatre premières fig. de Gérard, une épreuve en double avec lettre, et une EAU-FORTE ; la figure de Gérard publiée par l'Artiste en trois états, dont l'AVANT LETTRE SUR CHINE VOLANT et l'EAU-FORTE ; 3 figures de Gérard, d'une autre édition ; 1 fig. de Bourdon, AVANT LETTRE, gr. par Quéverdo et Niquet (détachée). — En tout 18 pièces.

119. PUBLIUS VIRGILIUS MARO. Bucolica, Georgica, et Æneis. *Parisiis, in ædibus Palatinis, excudebam Petrus Didot*, 1798, in-fol. front. et 24 fig. par Gérard et Girodet, mar. r. à long grain, dos orné, large dent. sur les plats, doublé et gardes de moire bleue, dent. tr. dor. (*Bradel.*)

Superbe édition considérée comme l'un des plus beaux monuments de l'art typographique à la fin du XVIIIe siècle. Elle n'a été tirée qu'à 250 exemplaires sur papier vélin, tous numérotés.
Très bel exemplaire.

120. Herman et Dorothée, en IX chants, poëme allemand de Goethe, traduit par Bitaubé. *Paris et Strasbourg, chez Treuttel et Wurtz, de l'Imprimerie de Didot le jeune, an IX*, 1800, in-12, 1 fig. de Catel, demi-rel. mar. brun genre bradel avec coins, non rog. (*Champs.*)

Exemplaire sur PAPIER VÉLIN avec la figure AVANT LA LETTRE auquel on a ajouté le titre-front. et les 9 fig. de Catel de l'édition allemande publiée à Brunswig en 1799, plus un frontispice tiré en bistre.

121. LES AMOURS PASTORALES DE DAPHNIS ET DE CHLOÉ, traduites du grec de Longus, par Amyot. *A Paris, de l'Imprimerie de P. Didot l'aîné, an VIII*. 1800, in-4, pap. vélin, 9 fig. par Prudhon et Gérard, mar. vert à long grain, dos orné, large encadrem. avec guirlande de roses, dent. int. tr. dor. (*Thierry.*)

Bel exemplaire, relié sur brochure, avec les fig. AVANT LA LETTRE, la lettre sur papier de soie. — Curieuse et belle reliure, faite à l'imitation des reliures du premier Empire.

122. Œuvres de Jean Racine. *A Paris, de l'Imprimerie de Pierre Didot l'aîné, an IX* (1801), 3 vol in-fol. pap. vélin, front. de Prudhon et 56 fig. de Chaudet, Gérard, Girodet, Moitte, Peyron, Serangeli et Taunay, cart. bradel, *non rog.*

« Sans contredit, dit Brunet, cette édition est un des livres les plus magnifiques que la typographie d'aucun pays eut encore produits. » Il n'a été tiré qu'à 250 exemplaires.

Bel exemplaire entièrement non rogné.

123. La Nouvelle Héloïse, ou Lettres de deux amants, habitants d'une petite ville au pied des Alpes, recueillies et publiées par J. J. Rousseau. Nouvelle édition, ornée de six figures. *A Paris, chez Bossange...* 1808, 4 vol in-8, portrait et 5 fig. de Prudhon, demi-rel. mar. bleu avec coins, genre bradel, non rog. (*Knecht.*)

Jolies figures de Prudhon.

124. Odes d'Anacréon, traduites en vers sur le texte de Brunck, par J. B. de Saint-Victor. *A Paris, chez H. Nicolle,* 1810, in-8, pap. vélin, 4 fig. par Girodet et Bouillon, mar. gris à long grain, comp. à fr. sur le dos et les plats, tr. dor. (*Thouvenin.*)

Bel exemplaire de M. A. Piet contenant un envoi autographe du traducteur et les figures avec et avant la lettre.

125. Amintà favola boschereccia. *Parigi, presso Nepveu,* 1813, in-18, fig. mar. bleu dos orné, fil. dent. int. tr. dor. (*Chambolle-Duru.*)

Très bel exemplaire sur papier vélin, relié sur brochure, contenant les figures suivantes, toutes avant la lettre : les 5 fig. et les 5 vignettes de Desenne en couleur ; le *tirage à part* des vignettes, en noir ; la suite des 5 fig. en noir ; la charmante fig. de Prudhon, gr. par Roger, de l'édition de Renouard ; le portrait du Tasse gr. par Boilly ; une fig. de Desenne.

126. OS LUSIADAS, poema epico de Luis de Camoẽs. Nova edicaõ correcta, e dada a luz, par Dom Jose Maria de Souza-Botelho... *Paris, na officina typographia de Firmin-Didot,* 1817, in-4, pap. vélin, fig. mar. brun, encadrem. de fil. sur le dos, les plats et à l'int. tr. dor. (*David.*)

Superbe édition, parfaitement imprimée, et qui n'a pas été mise dans le commerce ; les exemplaires en sont aussi rares que recherchés.

Elle est ornée de 11 belles figures gravées par les meilleurs artistes d'après les dessins de Gérard, Desenne et Fragonard ; les légendes sont sur papier fin.

Très bel exemplaire.

SUITES D'ESTAMPES ET DE FIGURES

I. ESTAMPES DE BOUCHER, COYPEL, LANCRET, OUDRY.

127. SCARRON. LE ROMAN COMIQUE. — Suite de 26 estampes in-folio, dessinées et gravées par Oudry. *A Paris, chez Oudry, s. d.* (*vers* 1720). — *Broché*, dans un carton-portefeuille à rubans.

Superbes épreuves à toutes marges, dans leur brochure originale.

128. CERVANTÈS. DON QUICHOTTE. — Suite des 25 estampes de Charles Coypel, gr. par Cochin, Joullain, Ravenet. Surrugue, etc. pour les Aventures de Don Quichotte. *A Paris, chez Surrugue, s. d.* (1724). — In-fol. cart. bradel.

Suite très rare des seules estampes de Ch. Coypel pour cette collection.

Belles épreuves du PREMIER TIRAGE, avec grandes marges.

129. MOLIÈRE. SUITE D'ESTAMPES des principaux sujets des comédies de Molière, gravées sur les esquisses de Charles Coypel, dédiée au public en M. DCCXXVI. *Se vend à Paris, chez Surrugue, ruë des Noyers* (1726). — 1 titre et 5 estampes in-fol. oblong, gr. par Joullain d'après Coypel, demi-rel. v. moderne marb. dos orné, fil.

Superbe suite, la plus rare de celles destinées à illustrer les œuvres de Molière ; elle est très difficile à trouver aussi complète l'estampe pour *Psyché* manquant toujours.

Belles épreuves remargées.

130. Duclos, Acajou et Zirphile. *Minutie*, 1744. — Suite de 1 frontispice et 9 fig. par Boucher. — In-4, cart. bradel, non rog.

Epreuves à toutes marges.

131. LA FONTAINE. CONTES. — Suite de 38 estampes gr. par de Larmessin, Tardieu, Aveline, etc. d'après les compositions de Lancret, Pater, Eisen, Boucher, Le Clerc, Le

Mesle, Lorrain et Wleughels. — In-fol. obl. demi-rel. v. moderne marb. dos orné, fil. (*Pagnant.*)

Très belle collection dite *Suite de Larmessin.*

Exemplaire bien conforme à la description donnée par Cohen (col. 304-305). — Belles épreuves, dont deux, *La Gageure des trois commères et le Gascon puni*, sont AVANT TOUTE LETTRE. — 30 des estampes de Larmessin sont *avant l'adresse de Buldet.* — Marges des pièces inégales.

132. HURTADO DE MENDOZA. LAZARILLE DE TORMES. — Suite de 12 estampes in-fol. par P. Le Mesle, gr. par Aubert, Aveline, Filloeul, Gallimard, Magd. Hortemels, Schmidt et Tardieu. *A Paris, chez Thevenard, Cloître St-Benoît, s. d.* demi-rel. mar. r. avec coins, dos orné.

Suite de la plus grande rareté.
Belles épreuves remargées.

II. FIGURES D'EISEN, GRAVELOT, MARILLIER ET MOREAU.

133. J.-J. Rousseau. Emile. *La Haye*, 1762. — Suite de 5 fig. par Ch. Eisen. — In-8, cart. bradel.

---

134. Fielding. Tom Jones. — Suite de 1 front. et 15 fig. par Gravelot, publiée en 1750. — In-12, cart.

Les fig. sont montées sur onglets et deux ou trois ont des piqûres de vers dans les marges; le front. est doublé.

135. J.-J. Rousseau. La Nouvelle Héloïse. *Amsterdam, Rey*, 1761. — Suite de 1 titre avec fleuron gravé et 12 fig. par Gravelot. — In-12, cart. bradel.

Epreuves accompagnées de la description des figures, 24 pp.

136. Racine. Œuvres. *Paris, Cellot*, 1768. — Suite de 1 portrait par Santerre et 12 fig. de Gravelot. — In-8, cart. bradel.

Epreuves remargées de format in-4.

137. Voltaire. Œuvres. *Genève*, 1768. — Suite comprenant 1 front. 7 portr. et 42 fig. par Gravelot. — In-4, cart.

138. Corneille. Théâtre. (*Genève*), 1774. — Suite de 1 frontispice par Pierre et 34 fig. par Gravelot tirées dans un encadrement. — In-4, cart. bradel, non rog.

Belles épreuves à toutes marges.

---

139. Pope. Œuvres complètes. *Paris, veuve Duchesne*, 1779. — Suite de 1 portrait par Kneller et 17 fig. par Marillier. — In-8, cart. bradel.

Epreuves grandes de marges ; 12 sont AVANT LA LETTRE.

140. L'abbé Prévost. Œuvres choisies. *Amsterdam et Paris*, 1783-1784. — Suite de 1 portrait par Schmidt et 77 fig. par Marillier. — In-8, cart. bradel.

Forte tache au verso d'une figure.

---

141. Molière. Œuvres (édition de Bret). *Paris*, 1773. — Suite de 1 portrait par Mignard et 33 fig. par Moreau. — In-8, cart. bradel.

142. J.-J. ROUSSEAU. ŒUVRES. *Londres* (*Bruxelles*), 1774-1783. — Suite comprenant : 12 titres ornés de fleurons par Choffard, Le Barbier et Moreau, un portr. gr. par A. de Saint-Aubin d'après de La Tour et 37 fig. par Moreau et Le Barbier. — In-4, cart. bradel.

Superbe suite, un des chefs-d'œuvre de Moreau. — Très belles épreuves sur papier fort.

143. Voltaire. Œuvres complètes. *Kehl*, 1784-1789. — Suite de 1 titre-front. 12 portr. et 93 fig. par Moreau. In-8.

144. Regnard. Œuvres complètes. *Paris, de l'Impr. de Monsieur, s. d.* (1789-1790). — Suite de 1 portrait d'après Rigaud et des 8 fig. de Moreau. — In-8, cart. bradel.

III. MONUMENT DU COSTUME DE MOREAU ET FREUDENBERG

145. SUITE D'ESTAMPES POUR SERVIR A L'HISTOIRE des mœurs et du costume des françois dans le dix-huitième siècle. Année 1775. *A Paris, de l'Imprimerie de Prault*, 1775, in-fol. de 15 ff. de texte y compris le titre et un discours préliminaire, 12 estampes par Freudenberg, mar. r. dos orné, fil. et comp. à la Du Seuil, grand milieu en mosaïque de mar. grenat et vert avec riches ornem. dorés à

petits fers et au pointillé, dent. int. tr. dorée. (*Hardy-Mennil.*)

Très bel exemplaire de la première suite d'estampes du recueil connu sous le nom de *Monument du Costume*.

146. MONUMENT DU COSTUME PHYSIQUE ET MORAL de la fin du XVIIIe siècle, ou Tableaux de la vie (texte par Restif de la Bretonne). Ornés de figures dessinées et gravées par M. Moreau le jeune... *A Neuwied sur le Rhin, chez la Société typographique*, 1789, gr. in-fol. de 20 ff. de texte y compris le titre et 26 estampes par Moreau et Freudenberg, mar. r. dos orné, fil. dent. int. tr. dor. (*Chambolle-Duru.*)

Très bel exemplaire de ce superbe ouvrage, le chef-d'œuvre de Moreau.

IV. SUITES DE DESENNE, COUCHÉ, RANSONNETTE, ETC.

147. Berquin. Œuvres complètes. *Paris, Renouard, an XI* (1803). — Suite de 205 fig. ou front. par Borel, Le Barbier, Marillier, Monsiau et Moreau. — In-12, dans un carton.

Belles épreuves sur papier vélin fort, la plupart à toutes marges.

148. La Fontaine. Les Amours de Psyché. *Paris, s. d.* — Suite de 8 fig. par Desenne. — In-12 tiré in-8, cart. bradel, non rog.

Epreuves AVANT TOUTE LETTRE, tirées de format in-8. — On y a joint les 4 figures de Desenne pour le *Théâtre* de La Fontaine, même état.

149. La Fontaine. Fables. *Paris, s. d.* — Suite de 60 fig. par Couché et Ransonnette. — In-18 tiré in-8, cart. bradel, non rog.

Épreuves à l'état d'EAUX-FORTES, tirées en noir ou en bistre.

150. Les Cent Nouvelles nouvelles. *S. l. n. d.* (vers 1815). — Suite de 7 fig. par Girardet (?). — In-12 tiré in-4, cart. bradel, non rog.

Belles épreuves à l'état d'EAUX-FORTES, tirées de format in-4 ; la première est en outre *avec remarque*.

No 1143

Tours, Imp. Tourangelle, 20-22, rue de la Préfecture.

www.ingramcontent.com/pod-product-compliance
Ingram Content Group UK Ltd.
Pitfield, Milton Keynes, MK11 3LW, UK
UKHW021530260726
13993UKWH00004B/1896